Massimo Wolke

Penis Mandalas
International Edition

Massimo Wolke

Penis Mandalas
International Edition

Bibliografische Information der Deutschen Nationalbibliothek:
Die Deutsche Nationalbibliothek verzeichnet diese Publikation
in der Deutschen Nationalbibliografie; detaillierte bibliografische
Daten sind im Internet über http://dnb.dnb.de abrufbar.

© 2015 Massimo Wolke
Herstellung und Verlag:

BoD – Books on Demand, Norderstedt

ISBN: 978-3-7392-0370-6